바람의
집에 벽이
살고 있다

김소해 시집

바람의 집에 벽이 살고 있다

한강

서문

묘사 능력이 탁월한 서정시

도창회 ㅣ 시인, 문학박사 ㅣ

　김소해 시인의 시집 『바람의 집에 벽이 살고 있다』 출간을 축하드린다. 시인이 시집을 낸다는 것은 나라와 가문에는 영광이고, 본인에게는 기쁨이고, 문단에는 자랑이다.
　시집 『바람의 집에 벽이 살고 있다』를 탐독해 보고 저자의 청원을 들어주고자 적는다
　시집 『바람의 집에 벽이 살고 있다』는 4부로 나뉘어 1부에는 주로 일상, 추억, 사랑, 감정에 대한 시들이 실려 있고, 2부에는 자연, 꽃, 사계, 여행에 대한 시들, 3부에는 자아성찰, 내면에 대한 시들, 4부에는 인연, 부모, 형제, 이웃에 대한 시들이 상재되어 있어 읽는 독자들에게 감동을 준다.
　다 아는 바이지만 시 장르의 특색 또는 특징이라면 첫

째 함축성, 둘째 음악성(리듬 또는 운율韻律), 셋째 암시성(메타포 비유比喩), 넷째 주제성主題性이다. 이 4가지 본질적인 속성을 갖추어 시를 써야 시인이 된다. 시詩는 산문이 아니고 운문이기에 첫째와 둘째의 시어를 갖추어야 낭송이 가능함은 모두가 주지하는 바이다. 그래서 시인을 언어의 연금술사라 부른다.

그의 시 한 편을 감상해 보자.

칼바람으로 동침 중이던 겨울은
마른 가지 끝으로 시린 가슴 열고 불을 지펴
뿌리 끝으로 땅속의 향기를 끌어올리며
온 산을 불 지르려 한다

푸른 숲은 굶주림에
허허롭던 온기를 인양하며
바삭거리던 가뭄의 계곡에
물기를 끌어올리고 산 두릅이
파릇한 생기를 쏟아내고 있다

새싹 움트는 소리에
달래 향기 으스러지고
냉이와 쑥은 밥상 위로 철푸덕 눌러앉는다
눈물 나게 화사한 햇살에
동면 중이던 마른 가지들이 앞다투어

꽃 편지를 날리고 있다

봄은

열애 중이다

―〈꽃 편지〉 전문

  이 시에서 보는 바 3연으로 엮어진 봄 향기가 물씬 나는 봄 소식을 전해 주는 〈꽃 편지〉는 서정시抒情詩·Lyric다. 서정시의 장르적 특색을 고로 갖춘 시임에 틀림이 없다. 각 연의 함축된 운율이 아름답다. 그리고 시어 선택이 돋보여 주제로 향한 상황狀況 묘사 능력이 뛰어나다. 묘사描寫는 언어로 표현하는 그림이라고 한다.

  서정시라면 전원시(목가적), 자연물을 읊는 자연시, 낭만시 등 감정들로 엮은 시다. 이성이나 이미지(심상)들로 쓴 이미지 시가 아니다. 희로애락, 사랑, 그리움 등 감정들을 주제主題로 삼아 쓴 시들이 서정시다. 김소해 시인은 이 서정시를 맛깔나게 쓰는 서정시인이다. 그의 서정시들은 남다른 묘사 능력으로 인한 평범을 공명共鳴으로 끌어올리는 시들로 독자들에게 공감을 주는 시들이고 그리고 그의 시 대부분이 함축성과 음악성(리듬과 운율)이 높아 더욱 감칠맛이 난다.

2025년 3월에

시인의 말

한 편의 시를 쓰고 싶은 마음은

새싹이 움트고 꽃들이 앞다투어 길을 나서는
봄의 향기를 느끼고

싱그러움이 넘실거리는 뜨거운 여름의
열기를 바닷물로 헹구며

깊어 가는 가을 산을 구르는
도토리의 소란함도 들어보고

마른 가지에 새하얀 눈꽃으로 옷을 입을 때
매화꽃 피는 겨울도 바라보며

사계절이 전하는 소리를
마음으로 듣고 보고 느끼면서
글자의 생명을 잉태하여
길러내는 일이라고 생각을 한다

아름답게 피어나는
사계절의 변화하는 모습이
온몸을 휘감고 지나가도 넋 놓고
하염없이 바라보지 못하고 지나갔다

이제,
총알처럼 빠르게 지나간
이십여 년이 넘는
시간의 자락을 찾아서
 삶의 아름다움에 빠지고 싶다

울창하게 푸르른 숲속 한가운데
아늑한 집을 짓는 마음으로
설레는 기대감을 안고
숭고한 시인의 길을 펼쳐 본다

2025년 푸른 뱀의 새 아침에
김소해

김소해 시집 바람의 집에 벽이 살고 있다

□ 서문_도창회
□ 시인의 말

제1부 내 안의 광야에 집을 짓고

꽃 편지 ─── 17
불타는 오월은 ─── 18
조각배 ─── 19
바이러스 ─── 20
잡초 ─── 21
포구 ─── 22
취객 ─── 23
내 안의 광야에 집을 짓고 ─── 24
꽃잎에 베인 바람이 살고 있는 집 ─── 25
두릉골 ─── 26
결혼하는 소년 소녀 ─── 28
항구 ─── 30
바람꽃 ─── 32
불시착 ─── 33
꽃 마중 ─── 34
푸른 꽃이 유혹하는 날에 ─── 36

바람의 집에 벽이 살고 있다　　　　　　　　　　　　김소해 시집

37 ── 꽃향기 피어오르는 날
38 ── 대나무 숲에서 생긴 일
40 ── 가족
41 ── 초록의 꿈

제2부 삼밭에서 불어오는 은밀한 바람

45 ── 새벽길
46 ── 해일
47 ── 깊고 푸른 밤, 그리고 목련
48 ── 삼밭에서 불어오는 은밀한 바람
50 ── 봄밤에 내리는 비
51 ── 진달래
52 ── 꽃물
53 ── 목련
54 ── 철쭉은 피는데
55 ── 매미
56 ── 봄
57 ── 허물
58 ── 거짓말·1
59 ── 거짓말·2

가을비 ──── 60
빈집·1 ──── 61
빈집·2 ──── 62
바람 부는 날 ──── 63
바람을 부르는 숲 ──── 64
한순간 ──── 65
질경이 ──── 66
물소 ──── 67
어머니의 풍경 ──── 68

제3부 바람의 집에 벽이 살고 있다

바람 소리·1 ──── 71
바람 소리·2 ──── 72
바람 소리·3 ──── 73
밤에 피는 꽃 ──── 74
수술실에서·1 ──── 75
수술실에서·2 ──── 76
회복실에서 ──── 77
회오리 ──── 78
한 잔 술이 부르는 노래 ──── 79

바람의 집에 벽이 살고 있다　　　　　　　　　김소해 시집

80 —— 병원에서
81 —— 밤에 우는 새
82 —— 그녀·1
83 —— 그녀·2
84 —— 불면·1
85 —— 불면·2
86 —— 꽃은, 그곳에도 피어 있었다
87 —— 두레박
88 —— 기적
89 —— 목마름의 꽃
91 —— 바람의 집에 벽이 살고 있다
92 —— 야생화
93 —— 하루

제4부 숲은 거기에 있었다

97 —— 아버지·1
98 —— 어머니의 땅
99 —— 무지개는 황혼에도 뜨려는가
100 —— 초야의 목탁 소리
101 —— 아버지·2

김소해 시집 바람의 집에 벽이 살고 있다

차 례

어머니·1 —— 102
어머니·2 —— 103
아버지의 시간 —— 104
아버지의 마실 길 —— 106
아버지라는 이름만으로도 감동입니다 —— 108
아버지 마중하기 —— 110
아버지의 바다 —— 112
꽃이 피고 지는 숲 —— 114
고갯마루에 피는 꽃 —— 115
수묵 꽃 —— 116
꽃으로 —— 117
숲은 거기에 있었다 —— 118
안부·1 —— 119
안부·2 —— 120
기다린 선물 —— 122
콩 심는 어머니와 딸 —— 124

□ 해설_기청

내 안의 광야에 집을 짓고

제1부

꽃 편지

칼바람으로 동침 중이던 겨울은
마른 가지 끝으로 시린 가슴 열고 불을 지펴
뿌리 끝으로 땅속의 향기를 끌어올리며
온 산을 불 지르려 한다

푸른 숲은 굶주림에
허허롭던 온기를 인양하며
바삭거리던 가뭄의 계곡에
물기를 끌어올리고 산 두릅이
파릇한 생기를 쏟아내고 있다

새싹 움트는 소리에
달래 향기 으스러지고
냉이와 쑥은 밥상 위로 철푸덕 눌러앉는다
눈물 나게 화사한 햇살에
동면 중이던 마른 가지들이 앞다투어
꽃 편지를 날리고 있다
봄은
열애 중이다

불타는 오월은

내 사랑이었으면 좋겠다
장밋빛 열정으로
지글지글 타올라
그대의 가슴에 철커덕 박히고 싶다

새파랗게 낙인된 가슴에
넘보지 못할 순정의 촉수 세우고
영혼마저 풍덩 빠지는 날
오월은 사랑의 불바다가 된다

곰실거리는 아카시아 향기가
하늘을 뜀박질하는 날
활활 타오르던 열정이
새파랗게 감금되어도 좋다

장미 향기 흐드러지는 오월은

조각배

찬바람 한 줌에
힘겹게 매달린 낙엽 하나
뚝하고 떨어져 작은 개울에
곤두박질을 하고
졸랑거리면 흐르는 시냇물은
나뭇잎을 업고 달아난다

부딪쳐 흐르는 물살에
온몸은 상처투성이

바삭하던 자존심마저
간 곳이 없고
부서진 뼈마디
하얀 밤을 흘러
강 하구에서 하현달로
바다를 항해한다

바이러스

구중궁궐 한 알의 정자
60조의 컴퓨터 시스템 갖춘
전산망 속 10만km 행군하는
혈구들의 비행 206개의 벽돌장
관절음의 현을 맞추어
생명의 촉수 세웠네

호흡을 알리는 탄생의 울음과 함께
환희의 웃음 지었던 바이러스
그녀를 유혹하고 있었다

무방비 상태의 비무장 지대
고지는 탈환되고 열린 성문
독감의 기지되려는데

특공 훈련 받고 온
백혈구의 게릴라 작전
하늘은 그녀의 가슴에서
높아지고 있다

잡초

뙤약볕을 흠뻑 삼키고
식곤증에 졸고 있는 토실한 땅
마음을 심고 가꾸는 사랑이다
어느 노인이 주말농장으로 내어놓은 밭에는
가족의 사랑이 뿌려지고 뽀사시한 새싹은
깔깔대며 흔들리지만 무성하게 자라는 잡초
농장의 폭군이다

잡초를 뽑아낸 이랑 위에 밤이슬
초롬초롬 박혀 들고 달빛이 사방으로 서성거리면
부스럭대며 밀고 나오는 뚝심은
불면의 밤을 지새우고 뽑아낼수록 깊어지는
불변의 욕망을 한없이 키운다
농약과 제초제 없는 땅이 그리워
뽑고 또 뽑아내어도 빳빳하게 치솟는 자존심은
내 안의 쏟아 놓지 못한 잡념이 되어
가을볕을 쪼이며 익어 가고 있다
이제 추수할 시간이다

포구

어머니의 품인 양
그대 안으로 녹아드는 시름
마음의 길을 트고 있네

아버지의 가슴인 듯
속내 마음 털지 못한
목마름
한 잔 술이 목구멍을 넘는
그
경이로움에

어스름 저녁노을
시신경을 자극하며
게걸음 반기는 한진 포구

나그네의 마음에 뜨는
뽀오얀 무지개

취객

중심을 잃은 우주는
콘크리트 바닥으로 곤두박질치고
차도에 널브러지는 그의 하루가
자동차 바퀴에 휘감긴다
꼼짝을 못하고 박혀 있는 몸뚱이 위로
지나가는 싸늘한 눈빛들이
낙엽인 양 무심히 스쳐 간다

"아저씨 정신 차리세요" 흔들어도
분별이 없는 마음은 세상을 바닥에 깔아 놓고
찢겨진 이마의 혈관은 붉은 분수가 되어
흔들리는 도로를 덧칠하고 있다
일그러진 그의 세상은 지나가는 자동차 소음을
한 입에 먹어 버린 채 블랙홀을 만들고 있다
취기 오른 뇌수로 잊고 싶은 삶은
허우적대는 몸부림으로 119에 실려 가며
끝내 삼키지 못한 울음을 꽁무니에 토해 낸다
어스름 저녁 물은 진한 노을을 만들고 있다

내 안의 광야에 집을 짓고

바람 한줄기 창문을 열고 허락 없이 넘나들며
낙엽이 물드는 시간
흑백의 추억이 단장을 하고
홍시 볼로 심장을 걸어 나와
온 집안을 거닐고 있다

텅 비어 있던 초가
그 안에서 집을 짓고 서성거리는 그대는
내 집에 주인으로 살고 있었네
흐르는 시간에 세 들어 사는 계절은
봄에는 꽃이 주인이고
여름에는 초록의 향기가 주인이며
가을에는 불타는 정열과 잿빛 추억이 주인이라 하고
겨울에는 사그락거리며 내리는 눈이 주인이다

허허로운 내 안의 광야에
자유로운 추억의 시간은 파릇한 내 안의 동행이며
내 시간의 영원한 동반자다

꽃잎에 베인 바람이 살고 있는 집

수백 년을 걸어 들어온 그곳에
한참이나 퇴색된 살 껍질이
버석거리며 젖몸살을 앓던
아낙의 가파른 입김을 잊은 채
풍화된 시간의 무게 위로
침묵 부스러기를 털어 낸다

짧게 드리운 돋을 볕 속살이
머무를 시간도 없이 비수처럼 꽂혔다가
현기증을 일으키며 아지랑이로 증발하여
욱신거리는 딱딱한 몸살을 앓고 있다
선혈 낭자한 비명이 만삭의 달빛에 얼어붙어
지금,
그가 사는 집에 잿빛 그리움만
덩그러니 마당가에 누워 구멍 뚫린 몸통만
썩은 나무 밑동을 말하고 있다

그가
사는 집은 꽃잎에 베인 바람이 살고 있다

두룽골

바닷물이 찰랑거리며
마을에서 흐르는 물길을 기다리던
그곳에 지금은
큰 바위가 마을 입구를 지키며
두룽골*이라는 이름표를 달고 있다

소나무 길 가로질러 바다로 가던
오솔길은 포장도로가 되어
하루에 몇 번씩 버스가 오고 간다

마을회관 옆에 자리하고 있는 정자는
그 옛날
여인들이 고운 한복을 입고 술을 따르던
주막집 옆에 자리를 잡고
버스를 기다리는
마을 사람들의 이야기를 모은다

젊은이가 떠난 노인들의 마을에서
샛바람에 실려 오는

칡넝쿨 같은 이야기들이
붉은 석류알이 되어
빛나는 그리움으로 채워진다

무디어진 촉각으로
자식을 향한 목마름을 들키지 않으려
풀벌레 소리 같은 소소한 이야기들을
반짝이는 별빛처럼 꽃바람으로 물을 들여
순백색의 박꽃으로 피워 낸다

※두룽골: 1914년 행정 구역 통폐합에 따라서 서산군 대호지면 편입되었다가 1957년 대호지면이 당진군으로 편입됨. 두 마리의 큰 용이 본 부락에 있는 두룡굴에 살다가 나갔다 하여 지어진 지명이며, 지금은 두 용 사이에 작은 산이 가로막혀 있어 두산리라 불리어짐.

결혼하는 소년 소녀

밤하늘의 별을 유난히 좋아해서
별빛을 쫓아다니던 소년
별빛처럼 초롱초롱 빛나는 삶을 엮어 하늘에 걸고
렌즈 안으로 세상을 당겨 찬란한 태양을 담고
별빛 같은 눈망울을 닮은 소녀의 눈 속에 퐁당 빠져
이제 새로운 미래의 꿈을 펼치려 합니다

우주 안에 존재하는 그 수많은 별 중에
소년의 마음을 송두리째 빼앗긴 유난히 빛나는
별 하나
그 빛나는 별에게 소년은 새로운 인생을 담으려 합니다

때론 비도 내리고 때론 눈도 내리고
무더운 여름
한 줄기 스치는 시원한 바람도 있겠지요

흐린 날에도 하늘에는 별이 반짝거리고
구름 뒤에 태양은
늘

소년 소녀를 보고 있습니다

소년의 사랑이 바알갛게 익어 가려면
서로에게 빈틈없이 채워지는
물의 마음이면 참 좋겠습니다
우리 몸을 채우고 채워 주는 생명의 물처럼
서로에게 생명의 물이면 참 좋겠습니다
꿈꾸는 약속의 물이면 참 좋겠습니다
행복을 담근 물이면 참 좋겠습니다
사랑을 생동하게 하는 물이면 참 좋겠습니다

사랑하는 소년 소녀여 오늘을 기억하고
골짜기를 자유롭게 흘러 흘러서 대서양을 만드는 물처럼
서로가 서로에게 흐르는 대서양 같은 사랑이소서

항구
―안흥항

넘나드는 파도는
새파랗게 질려서 달려왔다가
멍들고 멍든 몸뚱이를
하얗게 부서뜨리며 내동댕이치는
포구는 아픔으로 끙끙 앓는다

늘 몸살을 앓고 누운 방파제 위로
수많은 발자국들이 발 도장을 찍어대지만
비린내 쌓인 바닷물 질퍽한 항구에
퍼질러 누운 생선들은
좌판 위에서 놀란 눈알맹이를
껌뻑이지도 못한 채 누워서
칼질을 기다리고
갈기갈기 찢긴 몸뚱이를
시뻘건 초장에 찍어 맛나게도
입 속으로 꾸역꾸역 집어넣는다

넓고 넓은 바다를 헤엄치던 자유는
현란한 입놀림으로 새파랗게 부서진다

물거품이 되어 버린 바다는
뱃속에서 출렁이고
수천 년을 달려온 기억이
누구인가의 혈액 속으로 잠입하여
출렁이는 또 하나의 바다를 만들고 있다

포구는 바다를 품고
사람을 품고
세상을 품었다

생선 떼가 펄떡이는 바다로 뛰어든
저녁노을이 포구에서 빛나고 있다

바람꽃

햇살 첨벙대던 꿈들이 질식한 산사
끙끙 앓던 신음 소리 동사한 땅 깊이
뱀들은 겨울잠을 위한 동면이다

굶주린 승냥이 울음
온 산을 잠들지 못하게 했던
폭염도 한 계절을 살아온 꿈이다

족쇄에 채인 듯 버석대던 삶
바위틈 나뭇가지에 걸어 놓고
숲을 도둑질하는 구름 한 자락

정상을 정복한 성취감에 내지른 소리에
몸살을 앓던 산하 곰삭은 마음 꺼내어
골바람 따라 까치와 산행을 시작한다

불시착

사르르 꽃망울 움트는 소리
스치는 바람도 살그머니 지나가며
강물에 떠 있는 오리는
가만히 다가오는 물살을 타고 있다
바싹바싹 메마른 억새는
산산이 흩어지는 바람결에 몸을 누이고
사색의 향기를 그리고 있다
생기를 머금은 버들가지
눈 시린 햇살에 실눈을 뜨고
물고기 수영하는 강가에서 춤을 춘다
마른 가지들은
앞다투어 소리 없는 비명으로 꽃망울을 틔우고
시린 웃음 한 움큼을 안고 온 바람이
살며시 웃으며 응원을 한다
생살을 째는 소리 없는 비명은
산산이 부서져 대지를 적시우고
한 발 걸어 나온 꽃망울의 향연은 생기를 불어넣으며
첫사랑을 그리는 수줍은 설렘으로
불시착한다

꽃 마중
―장고항* 실치

꽃바람 살랑거리는 봄이면
풋풋하게 비린내 풍기는 갯내음이 넘실거리는
장고항 바다로 향한다

수산물 유통센터의 좌판에 펄떡대는
생선의 몸부림이 바다로 향하지만
침을 흘리는 사람들의 시선을 피하지 못한다

어항 속을 헤엄치던 생선은
살점이 조각조각 저며져서 초장 옷을 입고
사람들의 입 속으로 풍덩 수영한다

봄의 향연으로 향긋한 꽃바람이 불면
미각을 자극하는 별미인 실치*회는
매년 사람들의 발길을 끌어당기며
짭조름하게 맛깔스러운 행복을 선물한다

꽃무리가 마중하는 한철에만
맛볼 수 있는 별미인 실치회 계절에

아름다운 어머니의 탄일이라서 우리 가족은
늘 꽃바람을 타고 장고항 나들이로 부산하다

이천이십이년 봄은 어머니의 구십 년(구순)의
탄일을 축하하며 꽃향기에 취해 실치회 나들이로
부산한 봄을 몇 번이나 집 안으로 초대했다

봄은 그렇게 집으로 바다를 불러들였다

※장고항: 포구를 에워싼 육지의 모습이 장구를 닮았다 하여 붙여진 이
름으로 조선 말 인천 제물포까지 뱃길이 열리기도 했는데 2008년 12
월 19일 국가 어항으로 지정(충남 당진시 석문면 장고항리 615-5)
※실치: 흰배도라치의 새끼

푸른 꽃이 유혹하는 날에

사정없이 몰아치던 한설이 눈을 감고
메마른 대지 위에 눈꽃이 자취를 감추며
서릿발 꼿꼿하게 내리꽂히던
앙상한 나뭇가지들이 숨을 몰아쉬고 있다
대지의 소란한 숨소리가 마을을 흔들고
뽀얗게 한기가 흐르던 들길이
바삭거리며 굴러온 낙엽을 꿀꺽 삼켜
길가의 숨소리를 깨우고 있다

어디선가 불어오는 바람의 유혹에 살 고운
알몸을 보이며 푸른 잎이 감기 걸린 이슬을 퍼먹고
푸른 잎 사이로 꽃봉오리가
수줍은 듯 미소를 머금고 있다

상처 입은 푸른 잎은
봉오리를 지키려 꽃잎을 부화시키고
꽃비 내리는 봄을 출산 중인 푸른 잎들 사이로
꽃들이 팝콘처럼 산란을 시작한다

꽃향기 피어오르는 날

파다닥파다닥 투명한 햇살이 쏟아지는 오후
나른한 생각들이
마음속을 헤엄치며 두 눈꺼풀을 잠그려 한다
몸 안에서 첨벙거리는 기억들이 가시를 달고
반짝이는 비늘이 되어 날고 있다

나른한 잠의 꿈은 오후의 햇살을 먹어 버리고
봄은 만삭의 설렘으로
뒤뚱거리며 흙밭을 서성이다 몸을 풀려 한다
때 이른 달래 향이 마중하고
냉기 흐르는 들에는 꿈틀거리는 숨소리가
부산스럽게 기지개를 켜고 있다

살갗을 찢고 찢어
마른 가지 끝으로 밀어 올린 꽃잎
아름다움과 향기는 푸른 잎의 마중을 받으며
이는 바람에 몸을 날리고 있다
봄은 말없이 흔적을 감추며
시간을 범하여 세월을 낚아 올렸다

대나무 숲에서 생긴 일

뻐꾹새 울음이 숲을 누비는 뱀들의 놀이터
산골마을 다람쥐는
놀란 화살처럼 밤나무에 올라
까만 눈동자 굴리며
굴뚝에 일렁이는 연기를 본다

시리도록 푸른 잎사귀에
올곧은 마음이 하늘로 오르고

담이 없어도 좋은 촌락에
삶의 터전을 지키는 터줏대감
에우는 바람 막아 숨결을 지키는
겨울의 그곳에는

동사했던 장대에
일렁이는 봄빛이
뿌리 깊이로 스며들고

늑골 시리도록 생명줄 고르던 날

아버지는 대나무 숲을 헤치며
삭정이 된 장대를
하나하나 톱질하고 있었다

"그려 너희가 지난겨울 죽어 가던 내 아내를 슬퍼하더니
이제 그 사람이 살 모양이구먼."※

지천명知天命※의 봄을 기다리던 대나무 숲속에서
종심從心※의 삶을 보듬어
어둠조차 등 시리도록 푸르게 출렁이는
새천년의 안주인이 목청을 높인다

※갑상선 암으로 수술을 했던 아내 생각하는 남편의 말
※지천명: 천명을 안다고 하는 50세로 지명知命이라고도 함
※종심: 뜻대로 행하여도 도리에 어긋나지 않는 70세로 고희라고도 함

가족

햇살 여무는 둥지 안으로
해맑은 웃음이
가슴 뭉클한 감동으로
성큼 들어와 기쁨이 된다

반짝이는 눈동자들이
신비로움으로 다가오는
축복의 선물에
떨리는 심장 소리를 전한다

태초의 신비를 간직한
성스러운 궁
그 아름다운 성에서
만남의 시간을 기다림으로 채우고 있는
우리의 희망이 된
복 덩 이※

※복덩이: 필자의 손녀(아기의 태명)

초록의 꿈

초록빛 너울이
온 누리를 유영하고
꽃망울이 배시시 웃는 계절

코로나19 바이러스는 바람보다 빠르게
전국의 학교 교문을 철커덕 잠그고
학교 운동장은 아이들의 함성이 잠식되었다

집 안에 머무는 아이*의 이야기가
갈 곳을 모르고
지루함을 노래하던 아이는
왕할머니* 집 닭장에서 꺼내 온
유정란을 가지고 이불 속으로 냅다 들어가
병아리를 부화시키려 한다

초등학교 입학을 준비하던
천진난만한 꿈이
싱그럽게 비상을 하려 한다

청계 유정란 아홉 알 중 여섯 개의 알이
부화기에서 깨어나던
사월 십오일 선거는 못 해도
아이는 비상하는 초록빛 꿈을 완성했다

다온이는

아이들의 발소리가 운동장을 질주하고
부화의 꿈을 키우는 아이들의
노래가 소담하게 머물
5월의 운동장이 웃는다

※아이: 2020년 초등학교 입학을 앞둔 정다온(필자의 손녀)
※왕할머니: 외증조할머니

삼밭에서 불어오는 은밀한 바람

제2부

새벽길

끝없는 길들이
내 안에 쏟아져 내렸다
인고의 고랑을 끼고
새벽길이
밖으로 걸어가고 있었다

동이 트려면 멀었는데
새벽은
어둠을 걸쳐 입고
찬 별빛에 젖은
길을 나서고 있다

나는
달빛 서린 이슬
나침판으로
그
길 위에 섰다

해일

미친 듯이 물비늘 일고
밤새도록 헛구역질
방파제 부여잡은 산통
새벽 부두엔 양수 흥건하고
바다에서 태양 하나 솟아난다

아침 태양 하나
출산하려고
바다는 깊은 산고를 치르고
게거품을 흘리며
방파제에 죽은 듯이 누워 있다
바다는 파도는

괴로움 끝에 태어나는
아름다움의 자지러짐
바다는
또다시 일어서리라
내일이면 또다시
미친 듯이 울부짖으리라

깊고 푸른 밤, 그리고 목련

노을이
낙엽 끝에 머물던 저녁
물기 젖은 아내의 미소가
클로즈업되었다

목련에 눈멀어 온 아내
남몰래 훔쳐 낸 눈물은
와인처럼 숙성되고

내 입은
목련의 발가락 사이와 마른 잎
온몸을 데워야 했다
깊고 푸른 밤에

삼밭에서 불어오는 은밀한 바람

길고 긴 잠을 자던 삼밭이
깊은 곳에서 눈을 뜨고
삼밭과 모시밭의 깊고 푸르른 숲에
살금살금 숨어들어 은밀한 밀어와 동행을 하면
흙 내음과 삼의 푸른 향기는 코의 후각을 마비시킨다
그 향기를 따라
할머니와 어머니는 아름답게 출렁대는 삼밭을 벌목하여
손녀딸의 손목시계도 만들고
가난한 가족의 식탁 위에 입맛을 풀어놓곤 했다

어느 늦은 저녁, 할머니는
매운 연기 풀풀 나는 아궁이에 불을 지펴
더워진 물에 목욕을 하시고 부지런히 물레를 돌리던 손이
물레 줄에서 힘없이 떠나자
혼자서 빙빙 돌던 물레와 삼밭 속으로 긴 여행을 떠나셨다
그리고 그 숲은 할머니를 품고 보내지 않았다

"마지막 삼베 한 필은 우리 영순※이 시집갈 때 주어야지"
 혼잣말하시던 할머니의 유언을 따라서
 모시 한 필, 삼베 한 필은 시집을 왔다
 그렇게 장롱 속에서 삼밭이 출렁거리고
 모시밭이 깔깔대며 숨바꼭질하는 유년을 뛰어다니고
있다

 흙냄새 날리는 가난한 보릿고개는
 오디가 검붉은 빛으로 익어 갈 즈음

 낡은 초가지붕 위에 박꽃이 흐드러지게 피는
 달 밝은 밤은
 여인네의 무릎이 닳아서 반들반들 별빛을 먹고
 살들을 발라 먹은 가는 삼 가닥이 핏물로 곱게 물이 들면
 여인들의 무릎 관절을 베어 먹은 세모시 옥색 저고리에
 하얀 바람이 쉴 새 없이 넘나들고
 살며시 날아온 나비 한 마리 옷고름을 풀어 젖힌다

 ※ 영순: 필자의 본명

봄밤에 내리는 비

그리워
그리워
메마른 가슴

속내 보일까
밤새 걸어온 길
눈길은 멀기만 한데

아지랑이 기다리는
그대는 새침데기
마른 가지
부스스 일어난 아침
잎보다 먼저 목마른
가지 사이로

햇살은 촉촉이 젖어
봄밤을 깨우고
그리움은 봄비에 젖고 있다

진달래

억새밭을 뚫어 대던
겨울바람에
늑골 시린 그리움이
숨죽인 달빛에 동사했다

동토를 침몰시키는 봄비가
긴 터널의 암흑을 헤치고 내려
빛바랜 순정으로
바알갛게 봄밤
선혈을 쏟았다

꽃물

겨울잠이 냉각기를 풀고
질펀질펀
문을 열었다

맨살 내음
아린 바람결에 묻어와
물기 오르는 밤으로 수런거린다

안개 깊은 새벽으로
한 사내가 저벅저벅 걸어 들어가
꽃비늘 후두둑

눈을 뜬 아지랑이
환절기 몸살을 풀고
앞산에 꽃등을 걸었다

목련

시샘하는 바람에
후줄근 젖은 꿈들이
수줍은 설렘을 마중한다

봄비에 교접된 햇살 위로
때 이른 나비 한 마리
아지랑이 덫을 피해
현기증을 일으키던 날

가슴 앓던 그녀
하얗게
하얗게 혼절한다

철쭉은 피는데

타오르는 불길의 열기
먼 산을 달리며
온몸을 태워도 전하지 못하는 마음

빠알갛게 타들어가는 가슴
뛰어오르는 부기로
봄밤은 잠들지 못하고 질주한다

서늘한 달빛
퍼렇게 멍든 앙가슴에
출렁대는 파도 빛 아침을 마중해도

다가설 수 없는 그대의 성 앞에선
꽃바람으로 나풀대며
무더위만 폭염으로 내닫는다

매미
―태풍

나뭇잎 하나 흔들지 못하던
울음이 서러웠던 여름
탈출을 시도하려는 몸부림에 지축이 흔들렸다

삶을 수장시키려 달려든 바다는
어촌 마을을 송두리째 삼키고
굉음을 지르며 질주한다
설마 하는 매미 울음 한 입에 삼켜
폐허로 게워 낸 황톳빛 물속으로
한숨과 눈물마저 수장되었다

아침 햇살 뚝뚝 떨어지는
좌절과 절망이 눈을 뜨고 숨을 고른다
먼 산 옷 갈아입는 소리 부스스 일어서는 하루
안전 불감중에 걸린 폐허를 쓸어내며
고추잠자리 빙빙 도는
설익은 가을 하늘을 본다

봄

고단한 잠이 그리움의 부력으로
불면의 밤을 거스르고
탐욕으로 막혀 버린
모세혈관이 시퍼렇게 터진다

물안개 벌컥벌컥 마신
겨울밤이 몸을 풀고
호루라기 입에 문 개나리는
시린 바람을 쫓아버린다

솜털 보송보송한 유혹이
맨살을 간질이고
촉수 세운 찔레가 하얗게 질려서
처녀막이 찢기운다

화들짝 놀란 꽃망울
함성을 지르며
마른 산을 불 지르고 있다

허물

아리도록 따갑던 피부에
서늘바람 한줄기 통통 뛰며
속살이 여무는 소리를 듣는다

껍질이 벗겨진 환부 속으로
살가운 햇살이 똬리를 틀며
사과 향기 아우르는 시간을
그물질하고 있다

사르랑
사르랑
소리만 요란한 하루가
메마른 껍질을 벗고
벌겋게 드러난 속살은
쓰라린 여운을
소슬바람에 건조시킨다

가을은
그렇게 익어 가며 허물을 벗는다

거짓말 · 1
—가을

여름 바다를 부유하던
시선 안으로 성큼 들어와
둥 둥 둥
심장을 울리는 소리에
깊게 들었던 잠이
눈곱 낀 토끼 눈으로
초점이 흔들리고 있다

우두커니 서 있던 언어들이
바쁘게 길을 트며
몸 밖으로 빠져나와
풍경 속을 걸어서 내 안으로 들어왔다

사각사각 살아나던
잡초 같은 침묵이
대리석 바닥을 가르고 올라와
설익은 포도 향기 으스러지는 거리에
비명을 내지르며
벌에 쏘인 밤송이 하나 언덕을 구르고 있다

거짓말 · 2
— 새벽

잠들지 못하던 달빛은
어둠의 투망에 걸리고
밤새 쓰린 속을 쪼아대던 부엉이는
귀뚜라미의 비명에
귀를 틀어막고 노려본다

동트는 새벽안개 속에서
도마뱀 한 마리가
아린 침묵을 흔들며
고단한 몸을 일으켜
벌건 눈망울을 돌돌 굴린다

독사에 물린 부기처럼
부어오르는 일상이
이끼 낀 바위 모퉁이에 눌어붙어
망각의 늪을 그리워하며
팽팽한 시신경은
하얗게 일어서는
새벽 햇살을 낚아 올린다

가을비

긴 가뭄의 끝자락을
붙잡는 가을비가 내린다
메마른 시선 안으로 거친 빗방울이 들이치고
갈기 찢긴 새의 깃털이
허공을 휘돌며 상처 받은 살점 위로
쓰라린 가을의 풍경 화석이 되고 있다

몸 가누지 못하고 벌겋게 달구어진 살점이
하나
둘 터지지만
바람은 하늘 높이 공 던지기를 하다가
바닥에 내동댕이친다

비명 소리 붉은 난파선이 되어
먹물 같은 어둠이 빗물을 먹어 치우고
태양을 빠져나온 보름달은 만선이 되어 몸살을 앓고
재잘대던 별빛은 가을비에 젖은 창호지 문틈을 후비고
비린내 나는 어부의 거친 숨소리
침몰하는 가을을 포효한다

빈집 · 1

아무도 없는 빈집
저 산 높이에서 내려온
칡덩굴에 감긴 채 흠뻑 비에 젖는다

텅 빈 기와집엔 거미들이
숨바꼭질하는 터전으로 남았다
기왓장은 허물어 가고 거미줄에 감긴
세간들은 눅눅하다

그 속에 삶을 이어 가는 또 다른 생명
사람이 살면 존재하지 못할 목숨
칡덩굴 칭칭 감아 도는 빈집엔 유년의 꿈들이
추억의 필름 속에서 움틀대고 있었다

언제인가
폐허된 그 터전으로 돌아가
조그만 보금자리의 새 집을 짓고
노년의 뜨락을 가꾸며
지붕에 박 덩굴을 올리며 살고 싶다

빈집 · 2
— 새집

두릅 향이 산 너울에 안겨
주인 떠난 둥지에서
한 아름 담긴 햇살과 속살거리고 있다

삭풍이 산모롱이를 지나가고
산새 소리 그림자 드리운
소슬바람에 헹구어
켜켜이 칩거 중인 습관들을
눈부시게 아린 목멤으로 풀어헤친다

숨이 턱에 차오르던 시름은
허물을 벗고 넘나드는 하늬바람에
눅눅하게 엉킨 시간의 타래를
산기슭 솔가지에 걸었다

속내 드러내지 않던 생의 굴레
여객처럼 머물다 지나가며
층층이 쌓아 두었던
불면을 비워내고 있다

바람 부는 날

빈 가지에 나뭇개비 주절주절 얹어놓고
들판을 싹쓸이하던 겨울의 칼바람에도
유유자적하던 까치집이 봄비에 젖고

황사바람이 회오리를 일으켜도
까치는 나무 꼭대기에 둥지를 틀고
그 속에서 그리움을 기다리고

바람이 불어도 좋은 날
아지랑이 살랑거리며 유혹을 하면
유채꽃 흐르는 길 위로 나비 한 쌍이

매화 향기에 젖은 구름 한 자락 내려놓으면
지맥을 뚫은 또 하나의 사랑이
소소리바람*을 데운다

※소소리바람: 초봄에 제법 차갑게 부는 바람

바람을 부르는 숲
— 동백꽃

선혈이 낭자한 그 숲에서
은밀한 속삭임이 가파른 숨을 몰아쉬며
몸을 떠난 비밀의 향연이
갯바위에 눌어붙어
하얗게 부서지는 파도를 퍼먹고 있다

해풍에 목욕을 하고
그리움을 태우고 태운
붉디붉은 꽃잎을 겹겹이 쌓아
처녀막을 지킨 입술로 바람을 부르고 있다

한겨울 바다를 가르는
칼바람을 삼켜
불꽃을 피우고 있는 그녀는
푸른 파도를 품고
숲으로 들어갔다

한순간

고요한 바람 한 줄기 소리 없이 지나가고
어스름 저녁노을이 곱게 깔리는 저녁
소리 없이 흐르던 시간이 정지 신호도 켜지 않았는데
순간
블랙홀의 회오리바람이 온몸을 휘어 감고
생과 사의 순간 이동으로 수면 중이다

어둠의 저편에서 둥실 떠오른 달이 유린당한 채
하얗게 쏟아져 내리고 잠시 별들이 눈을 감았다
은하수 강 건너 망각의 시간이 흐르고
캄캄한 눈동자 위로
낯선 바람이 멍하니 망부석으로 서 있다

먹물 같은 시간이 이방인처럼 다가와
흐려진 기억을 습격하고
소리 없는 비명 소리가 기억을 더듬으며
강탈당한 삶의 조각들을 더듬고 있다

봄꽃이 숨을 죽이고 바라본다

질경이

밟히고 밟히면서 고단한 날들을
단단하게 붙잡고 일어선다
파랗게 출렁거리는 푸른 몸짓이
발뒤꿈치에 걸려 쓰러지면
흙속의 소용돌이에 잠시 몸을 맡겨 두고
자연이 전하는 말을 듣는다

사부작사부작
발자국 그려진 몸뚱이가
사금파리에 찢겨진
얼굴을 들고 하늘을 본다

밟혀야 더 단단하게 살아나는
뚝심이 우리네 삶을 닮아 있다

눈부시게 빛나는 태양이
폭도들처럼 우르르 몰려와 애무하는 시간
밟혀 으스러진 몸들이 심장의 혈관을 열고
시간을 범하고 있다

물소

광활한 대지를 철벅철벅 거닐던 시간이
압사당한 거룩한 의식을 눕히고
멀고 먼 공간으로 이동을 했다

욕망이 부른 불꽃 같은 심장을 도려내고
훌훌 벗겨진 껍질 안으로 스미는
무거운 시선이 꿈꾸던 천년을 지우고
야생의 세상을 강탈당한 채
무채색의 시간 속으로 감금되었다

비닐에 휩싸여 어느 집 거실로
순간 이동을 하여 벌러덩 누웠다
엉덩이를 받쳐 들거나 온몸을 안아 주는
소파라는 이름으로 환골탈퇴를 했다

사람들과 함께 살아가는
의식 없는 가죽이
사람들의 삶 속에서
평화를 찾아보려 한다

어머니의 풍경

흙이 보이는 곳이면 어디나 심고 또 심고
꽈리고추 하우스 물길 열어 놓고
들깨밭 녹두밭 콩밭 참깨밭 굽은 허리로
풀 약을 줄 수 없으니 태양의 열기를 머리에 뜨겁게 이고
종일 키보다 웃자란 슈퍼 풀들과 씨름을 한다
가난을 이겨 보겠다고 허기진 배를 틀어쥐고
물로 배 채우며 기막히게 마련한 땅
풀들의 점령을 결코 두고 볼 수 없어
오이 심고 참외 심고 가지 심어 놓은 밭고랑
빼곡하게 채워 나간 풀들과의 사투에
구순의 어머니 허리는 당최 펼 수가 없어
기역자로 더욱더 굽어 내려갔다
보행 보조 차를 밀어도 땅만을 보며 밀고
마을회관을 가는 어머니의 뒷모습에서
부러진 수많은 호밋자루 낫자루에
자식들의 안부를 묻는다

가을이 오려는가 서늘바람 한줄기
풀밭을 흔들고 지나가며 노을을 흩뿌리고 있다

바람의 집에 벽이 살고 있다

제3부

바람 소리 · 1

빈 하늘 바람 소리
가슴은
누군가를 그리워한다

차가운 방
흔들리는 촛불이
문틈으로 들어온 한기에
바르르 떨고 있다

새벽이 오려면 멀었는데
마음을 넘나드는
까닭 없는 흔들림

마음은
꼭두새벽을 나선다
그리움을 찾아서

바람 소리 · 2
―억새

밤새도록 찬바람을
꿀꺽꿀꺽 삼켜
풍화된 삶의 조각들을
용해시켰나 보다

휘둘러 산란하는
새하얀 몸짓
밤새워 배회하다
표류하는 바람 한 점
몸 안으로 끌어들였다

스스스
몸 부비며 울어대던 간밤엔
부엉새도 소리 내지 못하더니
고단한 삶이
하얗게 매달려
야윈 바람에 달려온
무심한 풍경 소리 아침을 깨운다

바람 소리 · 3
—몸살

폭우 속으로 사라진 무더위가
뒤척이는 이불 속으로
바다를 꿈꾸며

취기 오른 듯한 얼굴로
벌겋게 부어오른 멀건 눈동자
천장에서 별똥별로 박힌다

전율로 뒤틀리는 가쁜 숨결
질펀한 갯벌 위
길 잃은 파도로 돌아눕고

황량한 벌판에서 불어온
망각의 뇌성이 모래바람을 일으키며
파도와 격돌한다

베개 밑을 휘돌던 바다는
날밤을 새우고
바다에 뜬 태양은 점호를 시작한다

밤에 피는 꽃

노을빛에 숙성된 웃음이
가로등에 걸리고
속살 드러내는 꽃물로 눈이 부신 밤

허기진 목마름으로 흔들거리는 나뭇가지
투두둑 터지는 망울

술잔 위로 동 동 떨어지는 잎
취기 오른 만월에도
한밤의 낙화가 된다

새벽이슬 도르르
그녀의 볼을 흐른다

수술실에서 · 1

사방의 벽 안으로 길들이 달려와
호흡을 멈추려 하고
와라락 쏟아져 내리는 천장이
가슴으로 박혔다

불꽃처럼 타오르던 희망이
질경이처럼 끈질긴 욕망들이
겹겹이 풀어져 방황자가 되고 있다

알아들을 수 없는 수런거림 귓전을 웅웅대고
졸아드는 심장 고동 소리
생의 허물을 벗으며 속살을 드러낸다

새파랗게 질린 눈동자 위
하얀 꽃잎이 낙화로 날리고
긴장의 고리가 녹아내리며
내 의식은 집을 비우고

억겁의 문을 열어 표류하고 있다

수술실에서 · 2
— 원초적 고향

제7수술실
뇌관을 배회하는 공포 폐부에 박혀 들었다
46년의 추억이 알코올 냄새에 절구어지고
허락 없이 잠입한 침입자를
몰아낼 손길들이 바쁘다

한 생명이 10개월 동안 허락되는
특별한 영역
두 주먹 불끈 쥐고 가위, 바위, 보
숨을 쉬지 않아도 행복이 자라는
아름다운 궁전

강탈당한 빈집은
비어 있어도 아름다웠는데
보수가 불가능하여
두 아이의 고향 집을 허물고 있다

불꽃 같은 삶의 욕망을 위하여

회복실에서

안개의 늪에서 길을 찾지만
숲은 길을 내어 주지 않으려 하고
칡넝쿨이 온몸을 칭칭 감고
잡아당기기 시작한다

팽팽한 줄다리기가
시작된 의식 속에서
예리한 칼날에 잘린
신경들이 단단한 침묵을 깨워 일으킨다

온몸을 흐르는 고통의 전율에
놀란 새는 날개를 퍼덕이고
사슴의 눈망울에 맺힌 눈물에
심장의 박동이 더워지기 시작한다

안개의 늪은 숲의 길들을 내어 주고
잘려나간 줄기줄기
견고한 뿌리내리기로
고요를 흔들며 햇빛을 게워낸다

회오리

날선 바람을 다듬어 만든 토담집 지붕 위
떨어진 홍시 하나가 가을 문을 닫으며
매화 향기 찾으러 길을 나선다
상처투성이로 뒹구는 낙엽은
처연한 몸짓으로 가을을 갈망하지만
천년의 세월이라도 보듬어 안을 흙내음
한 걸음 앞서 길을 채비한다

청설모 한 마리 안내하는 숲길로 난 오솔길
굽이쳐 드높은 산
그 산이 내 안에서 산행을 시작한다
한낮의 태양을 집어삼킨 내 안의 밤
끓어 넘치려는 용암은 빙산이 되고
골골이 깊은 늪 같은 삶의 침묵
화성암이 된 채 숲을 가꾸고 있다
그 숲으로 둥지를 틀고 싶은 쑥새 한 마리 날아든다
전광석화처럼 스쳐 갈 삶의 둥지 나그네 봇짐 매만지는
별빛 깊은 산사 하현달이 내 안에서 깊이 잠들었다

한 잔 술이 부르는 노래

달빛이 기우는 새벽
취하여 흔들리는 마음이
별빛의 투망에 걸리고 부스럭대며 잠 못 드는 가로등
한 잔 술에 만취된 초로初老의 삶이
갈지자로 흔들리며 이슬에 젖고 있다

빈 소주병 속에서 터벅터벅 걸어 나오는
질곡의 삶이 달빛에 뒹굴고
게슴츠레 감긴 눈빛이 로댕의 조각을 만들고 있다
깊은 잠에 취하고 싶은 밤
감기는 눈썹에 부엉이가 눈을 동그랗게 뜨고
부엉부엉 가슴에 못질을 해대고
소쩍새는 스산한 마음에 소쩍소쩍 그리움을 부르고 있다

거꾸로 박힌 빈 소주병에서
한 방울 알코올 냄새 조르르
사나이 빈 가슴을 마저 적시우고
우 우 우 없는 바람 속을 헤집고
동해 바다 일출을 기다린다

병원에서
―기관지 확장증

녹슨 시간 위로 널브러진 침묵이
실어증 환자 되어
비틀거리며 열병을 앓는다

각혈을 토하는 목구멍으로
지친 바람이 휘이잉 넘나들고
칼끝에 베인 폐부는
아린 고통을 저며 놓는다

가파른 숨소리에 흙빛으로 변한 몰골이
무수한 별똥별이 되어서
시린 뼈골을 떠돌고
뻥 뚫린 삶은 찢기어진 채
낡은 몸 안으로 나그네가 된다

허기진 심장으로 불꽃 같은 열정이
광풍을 녹여 버리며
심연의 깊이로 침몰했던
백혈구를 인양한다

밤에 우는 새

지나가던 바람에 국화 향기 시린 눈뜨고
서릿발 성성하게 꽂힌 단풍은 둥지를 비우고
길 떠날 채비에 바쁘다

열정으로 불타던 그녀의 가슴에
수북하게 쌓여 가는 낙엽
바사삭 파사사악 비명을 내지른다

투두두둑 떨어지는 빗방울
우르르 달려와 앙상한 뼈마디
어루만지는 늦가을이 깊어 간다

이름 모를 밤새 우는 소리
사정없이 튕겨 나가고 싶은 마음을 후벼대고
목 메이는 가슴앓이가
긴 밤을 버스럭대며 훌쩍댄다
저 멀리 동트는 새벽이 하얀 안개를 보듬고 있다

매화꽃이 피려는가 보다

그녀 · 1

날 세운 바람을 가르고
우두둑 깨어지는 침묵
기억 너머에 묻어 두지 못하고
파사삭 부서지는 미련의 잔해 응어리로 엉겨 붙어
해빙의 언저리를 떠돌고 있다

밤새 꽁꽁 얼어 버린 잔설이 몸살을 풀고
동상 걸린 발을 동동 굴러
시린 몸을 추스르고 있다
맨 가지 흔들던 목련이
봄빛에 기대어 잠이 들고
실눈 뜨고 한기에 떠는
개나리가 파리한 입술을 담금질하고 있다

아무것도 가두지 못한 한랭 전선이
처마 밑 고드름에 매달려 울고
상큼한 햇살은
그녀의 몸 안으로 가득히 차오른다

그녀 · 2

시리도록 싸한 그리움을 숙성시키며
미동 없이 고요하던 추억이
한 폭 한 폭 풍경이 되어
자꾸만 외출을 시도한다

선들 감도는 가을의 체취는
굳게 잠긴 문을 열고
와르르 달려드는 솔바람은
발갛게 익을 홍시를 매만지며
단단하게 담금질한
가을을 흔들고 있다

스멀스멀 기어오르는 기억들이
온몸을 헤집고 스산한 시간의 여운을
켜켜이 깨워 일으킨다

화르르르 타오르는 가을 산이
화가의 화폭에 담겨
전시 중이다

불면 · 1

성큼성큼 걸어 들어온
그놈의 올빼미 같은 눈알맹이 속으로
겹겹이 엉겨 붙은 침묵의 시위는
어둠을 썩썩 베어 먹으며 화석을 키우고 있다

망부석이 된 기억은
밤을 태우며 시공간을 응징하려 한다
태우고 태워도 밤은 하얗게 일어서고 있다

밤을 잃어버린 눈은 백야의 망각 속에서
잃어버린 영혼을 찾아 족쇄를 풀고
산 너머 태양을 끌어올리고 있다

한밤을 들끓게 하던 태풍에
지친 몸을 풀어헤치고
늪에 빠진 시간을 건져 올리며
눈부시게 기지개를 켜는 아침 태양이
생끗 웃으며 하루를 깨우고 있다

불면 · 2

유린당한 영혼이 줄줄 흘린
핏물을 밤새도록 펄펄 끓여 꽃망울로 밀어낸다
눈을 뜬 꽃잎이 뼈마디 갈아먹던 밤을 쫓아내고
가만가만 눈부신 미소로 눈을 뜨며
지나가는 바람에게 봄의 이야기를 전한다

까르르 웃고 있는 민들레 배시시 눈을 뜨고
종알종알 수다 삼매경인 밥풀꽃이
바람의 대변인이 된다

온 밤을 휩쓸고 어둠의 늪을 키우고 키우던
그녀
악마의 습성을 마구 드러내다가
회오리바람에 휩쓸려 산 너머 사라지고

순풍에 실려 온 봄날의 환희로
온 들판은 꽃향기의 강이 되어 출렁거리며
화르르 불타오르는 봄 산의 절정은
알몸으로 한겨울을 지켜온 사랑이다

꽃은, 그곳에도 피어 있었다

생의 중력에 여명의 빛으로 동이 트고
수액을 타고 흐르는 깜박거리는 호흡이
가파른 절벽으로 파도를 타고 있다

절벽엔
꽃이 피었다
다가갈 수 없는 기암절벽에
꺼져 가는 운무 속으로 흐르는
한 줄기 무채색의 시간이
허수아비가 되어 꽂혀 있다

부유하는 산새 소리 잠들고
바람의 흔적만 몸을 적시며
숲으로 들어온 햇살의 조각에 상처 난 육신으로
백혈구를 투망에 건져 올려
뇌수의 신경세포를 어루만지고 있다

꽃은,
그곳에도 피어 있었다

두레박

폐허로 남았던 기억이
눅눅한 침묵을 깨고
불면의 시간을 걸어 나와
지나간 시간을 셈하려 한다

차곡차곡 먼지 쌓인 기억들이
하나 둘 잠에서 깨어
휑한 눈알을 치켜들더니
장승이 된다

뻥 뚫린 마음 안으로
잡초 같은 삶의 부스러기들이
잠들지 못하는 눈동자 위로
허옇게 매달려
바삭거리는 기억을 낚아 올리고 있다

새벽 안개를 태우고 태워
태양을 밀어 올리고 있다

기적

바람처럼 빠르게 지나가는 날들
천년을 꿈꾸지만
머물 수 없는 시간은
초침을 삼키며
분침을 불살라 시간을 범하고 있다

오늘을 살고 싶었던 간절한 절규가
초침 속에 묻히고
낙엽처럼 떨어진 시간을 놓쳐 버린 염원이
하얗게 흩어져 바람 속으로 사라졌다

꽃들이 깨어나는 화사한 아침
생명을 선물 받은 오늘의 놀라운 축복을
새들은 노래하고
바람이 연주하는 나뭇잎 스치는
푸르른 향기로
오늘을 깨우는 행운은
기적입니다

목마름의 꽃

흐르는 물줄기처럼 머물지 못하는
목마름이 버석거리는 마음을 달래
밤이슬 벌컥벌컥 마시고 마셨다

타는 갈증은 온몸을 돌고 돌아
생명수처럼 긴급한 갈증을 해결하고
무중력 공간으로 여행을 떠난다

황홀하고 황홀한 기억의 저편에서
미소 짓는 유혹에 긴급 호출당한 기억은
세상 무서울 것이 없어
흔들거리는 거리의 무법자가 된다

고삐 풀린 망아지가 된 기억들이
채울 수 없는 시간의 강에
수직으로 내리꽂히며 밤을 범하고 있다

만월의 달은 말이 없고 별들은 어둠을 달래고 있지만
체기에 걸린 기억이 컥컥 마른기침을 게워내며

새벽을 깨우려 이슬을 밟고 있다

안개 자욱하게 내리는 밤의 전령이
가만히 지면을 덮고
기지개를 켜지 못하는 기억은
숨을 멈춘 듯 엎드려 있다

저만치 일출이 올라오고 있다

바람의 집에 벽이 살고 있다

무명 삼베 옷자락 사이도
자유롭게 휘도는 바람은
무언의 눈빛으로 벽화 속에서 빛이 난다
바삭한 동면의 기포가
쏙
빠져나간 낙조의 조각을 모아
퍼즐을 맞추고 있다

욱신거리는 바람의 욕망을 잡지 못하고
밤을 태우는 하얀 시간이
달빛에 조각으로 박혀 있다
파닥거리던 잠의 침묵이
새벽을 갉아먹으며
뛰는 심장 소리에 귀를 기울이고

수감 중이던 불면을 석방하고 있다

새벽녘
벽 속에서 바람이 숨을 고른다

야생화

시퍼렇게 날 선 기억이 번쩍거리며
총총한 별들을 밤마다 끌어들여
가슴팍에 촘촘히 박아 대던 생각이
천천히 함몰되어 가던 순간
자객처럼 불쑥 밤손님이 된 남루한 추억이
밤새 태워 올린 까만 시간이 되어 나지막이
들려오는 숨소리를 듣는다

새벽의 뿌연 어스름 안개 속에서
태양을 밀어 올리는 영롱한 이슬
하루를 반짝이게 하고
눈 비비고 일어난 무디고 무뎌진 기억이
단단해진 뚝심으로
한 포기의 야생화를 밀어 올리고 있다

야생화의 숨결을 따라 하루의 새벽이 오고 있다

하루

꿀꺼덕 넘어가는 한 잔 술에
인생을 털어 넘기고
소태 같은 쌉싸름한 삶을 삼켜 본다

해거름 붉디붉게 타는
노을빛 그리움 한 뭉텅이가
별빛을 벌컥벌컥 퍼마시고 있다

황폐하게 짓눌린 삶의 언저리에
고단한 마음의 타래를 풀어
목마름에 지쳐 허비한 오늘의 시간은
내일을 꿈꾸며 또 하루를 바라본다

손아귀의 술잔 속으로 둥근 달이
첨벙 들어와 앉는다

숲은 거기에 있었다

제4부

아버지 · 1

흙에 아버지
그 흙에 한 생애를 파종하셨네
봄에 눈을 뜬 씨앗
여름 장마에 떠내려갈까
둑을 세워 물고랑 만드셨네

이랑 위 무성한 잡초
적은 수확
일 년을 흔들릴 수 없어
땅거미 집을 지을 때까지
뽑은 잡초 길 위에 던져 버리면
초승달 졸린 눈 비비며

아버지의 희끗희끗한 머리 위엔
밤이슬 흙먼지 털어내고 흙 묻은 손엔
어느새
한 움큼 황혼이 잠들고 두엄 담겨진 신발에선

아버지의 가을이 익어 가고 있었다

어머니의 땅

열아홉 꽃띠의 순정이 꽃가마 타고
수줍은 웃음을 부렸다

힘겨운 시집살이 메마른
땅
가뭄처럼 갈라져도
하늘 우러른 원망도 못했다

파삭 깨어지는 흙더미 속
돌멩이 하나 호미 끝에서
쨍그랑
가슴팍에 묻힌다

호미 끝으로 캐내는 잔해
파사삭 부서지는 흙더미 위로
도르르 눈물방울
촘
촘
씨앗이 되어 뿌리를 내렸다

무지개는 황혼에도 뜨려는가

새벽닭 우는 전주곡으로 부모님 살펴 드렸어라
살을 쪼개는 태양 볕을 업고 내 자식 보듬었네

한겨울 얼음장 밑으로 흐르는 봄의 물살을 찾아
한 생애를 헹구어 문전옥답 만들었네

고즈넉이 솟아오른 산바람에 검은 머리 감아
황톳빛 빗물에 어석이는 백발을 파종하였네

덮어 내리는 빗물에 어둠은 삶을 토닥여 재우고
명주 올 소르르 풀어 내리는 생의 여정으로 숙성시켰네

종종걸음으로 애교를 떨고 있는 어스름 저녁노을
이제 흙 속에서 달무리로 갈음하려는가

초야의 목탁 소리

서걱이는 세월은 주름살 속에 씨앗을 뿌리며
내 자식만은 흙을 모르게 하리라

무거운 흙 지게 관절이 휘어도
도회지 형광 불빛 속으로 내 아들 보내려네
농약통 짊어지고 한 줌씩 자살되어도
풍요로이 맺은 열매 내 자식들의 꿈의 터전이네

풀뿌리에 배곯아 마련한 전답엔
아버지의 살 버무린 피땀으로 물꼬를 만들고
어머니의 허리 휘어 마련한 텃밭엔
관절을 절구어 한 생애의 주름진 밭고랑 이마에 얹었네

꿈꾸는 초야에 이제는 몸 두고 싶으나

사업 밑천으로 전답 팔아 주고
바라보는 눈망울에 텃밭 팔아 마음 주었네
이 몸 둘 곳은 언제나 나처럼 꿈꾸는 초야인 것을

아버지 · 2
―어머니

강물처럼 흐르던 가난
삼베 적삼을 넘나들던 목메임을
가족이란 등짐으로 둘러매신
아버지의
한
평생
검은 머리 파뿌리로 하늘 메우고
기역자로 허리 굽은
어머니의 머리 위에 희디흰 꽃 한 송이

팔순의 나이에 수줍은 미소 머금고
꽃가마*에 오르신 어머니
꽃보다 아름다운 주름살을
자식이란 이름으로 보상 받으신
아버지 그리고 어머니
사랑하고 사랑합니다

※꽃가마: 어려웠던 시절이라 꽃가마를 타지 못하고 걸어서 시집을 오셔서 아버지 팔순에 아산 송악면 외암리 민속마을에서 전통 혼례를 치러 드렸다.

어머니 · 1
― 작은어머니

꽃띠 웃음이
수줍은 마음에 자라던 편지* 속에
낯모르던 정 둘만의 그리움으로
밭이랑 일구어 고향의 향기는
곱디고운 숨결로 익혀 온 또 하나의 가족
그 아름다운 이름은 꽃이 되었다
햇살 고운 걸음으로 속 비워 내던
세월의 길목에서 추억으로 여물고 있었다

설렘 하나에도 세상이 눈부신 빛깔로 다가오던
한 사내 품에서 사십여 년
고이 접어 잠이 들었던 꽃가마*
뛰는 설렘이 꽃가마 안에서
꽃등으로 빛나는 환하게 열린 세상
그 현란한 목마름을 채운 가족
그리움의 꽃이다

※편지: 필자의 작은아버지 군 생활 때 연애편지로 쌓은 정으로 결혼
※꽃가마: 작은어머니 어려웠던 시절에 올리지 못한 결혼식을 대신하여, 아산 송악면 외암리 민속마을에서 육순 겸 혼례를 올림

어머니 · 2
— 고모

무명 삼베 물레 감아 휘돌던 보릿고개
오디가 익어 가는 소리에
까르르 웃어대던 소녀의 순정
보리 이삭 속에서 누렇게 익어 시집가던 날
논둑길 지나던 하늬바람 동행이었다
머나먼 여정 산 소리 들 소리 소쿠리에 가득 담아
길목에 놓아주고 사랑채에 두고 온
꽃가마*는 고향 산자락에
그리움으로 묶어 두었다

그
사람의 길 위에 푸르게 술렁이던 서러움 한 자락도
향기로 가슴에 똬리를 틀었다
기나긴 세월의 포승줄에 묶었던
꽃가마 자박자박 걸어와
가족 그 현란한 여명으로 꽃물 강이다

※꽃가마: 어려웠던 시절이라 꽃가마도 타지 못하고, 걸어서 시집을 가서서 아버지 팔순에 고모, 고모부 두 분의 칠순을 기념하며 송악 면 외암리 민속마을에서 전통 혼례를 올림

아버지의 시간

아버지의 시간이 자꾸만 작아진다
작아지고 작아진 아버지의 시간 속으로
폭도*들이 난입을 했다
병력을 동원하려 해도 참 많이 늦었다 한다
좀 더 미리미리 진압을 했더라면 좋았을 걸
약 60조 개*의 시민 중 일부가 그렇게
폭동을 일으켰다

숨을 쉴 수 없을 만큼 총탄이 난무하는
전란통*의 거리로
광풍에 휘날리는 태극기를 휘두르며
나라를 지키는 숨소리가
어두운 밤 가파르게 언덕을 넘고 있다
초근목피로 시간의 수레바퀴를 돌리며
아버지의 시간은 잡초보다 모질게 견디어
견고하게 뿌리를 내려 한 걸음 한 걸음
나라를 방어하기 위해 전진에 전진을 더하며
가족의 안전을 위해 오늘의 빗장을 열었다

이제
아버지의 시간을 위해 내일의 빗장을 열어 힘차게

질풍노도의 시간을 관통하여 나라를 방어하고
새로운 아버지의 시간을 건설할 시간이다

※폭도: 비소세포성 폐암(4기)
※60조 개의 시민: 우리의 인체는 약 60조 개 이상의 세포로 이루어졌다고 함
※전란통: 6·25 참전 유공자이신 아버지가 암투병 중 섬망 증상 때문에 6·25 전시 중의 시간 속으로 여행하면서 밤을 잊고 병원 안을 돌아다니며 피란 중

아버지의 마실 길

호롱불 깜박깜박
별들과 속삭이던 밤이 지나고
문밖은 온통 눈의 나라
창호지보다
더
하얀 눈이 밤새 내렸던 눈길을 헤집고
친구*가 찾아왔다

"남수* 아버지 모시러 왔슈"
"눈을 치워 놓았으니께 빨리 나와유. 빨리유"
"야! 너 왜 우리 아버지 모셔 가냐"
"응, 어제 못다 한 옛날이야기 오늘 해준다고 그래서"
"아버지 정말 가유"
"그래, 마실 간다"

그러셨던 아버지
이제는 섬망이라는 친구에게 마실을 다니신다
6·25 전시에서 아이들을
안전하게 출근시키려는 걱정에 온 밤을 잊으셨다

죽음의 전선을 피해 자식들을 안전지대로 대피 중이
시다

아버지!
그렇게라도 마실 가셨다가 돌아오세요
언제나 당신을 기다립니다 우리 가족이요
아버지의 뜰에서 밤새워 기다립니다
아버지

※친구: 초등학교 때 필자의 집 건너에 살던 초등학교 동창
※남수: 필자의 동생
※6·25 전시: 6·25 참전 유공자이신 아버지는 아침에 함께 전쟁터에
 나갔던 전우가 저녁에는 식사를 함께 하지 못하는 일이 허다했다고
 한다. 그런 하루하루, 죽음의 두려움과 맞서서 나라를 지키고, 가족
 을 지키기 위하여 온 힘을 다했던 시간

아버지라는 이름만으로도 감동입니다

아버지라는 이름만으로도 감동입니다

아버지
아버지

아버지
아버지
내
아버지

아버지
아버지
우리
아버지

아버지를 부를 수 있어 행복합니다
아버지의 대답을 들을 수 있어서 감사합니다

아버지

아버지
언제나 사랑이셨던
아버지
우리 아버지
아. 버. 지

아버지 마중하기

어둠 속에서 가만가만
피어나던 꽃들이 부산하다
스산한 바람에 볏단을 묶으시던
아버지
구절초 쓴 물에 헹구어진 손길이 바쁘다

내 사랑하는 당신이
구절초 뿌리내린 땅을 일구신다면
그 곁에서 활짝 웃는 민들레가 되겠습니다
저무는 논두렁 억새풀처럼 세월을 담금질하여
바윗덩이 같은 가족의
견고한 울타리였던 당신의 성에서
아버지
마실* 다녀오시는 당신을 마중합니다

고운 흙판에서 볍씨를 파종합니다
아버지
당신의 땅에서
아버지의 씨앗이 자라고 있습니다

초롱초롱한 눈을 뜨고 마중*합니다

아버지

당신을요

※마실(섬망): 주변 상황을 잘못 이해하며, 생각의 혼돈이나 방향 상실 등이 일어나는 혼란 상태로, 상상적인 재난이나 공포에 대해 두려워한다.
※마중: 5일간, 과거와 현재를 오가던 섬망의 병에서 벗어나신 아버지

아버지의 바다

듬직하고 평온한 바다
그 광활한 세상이 출렁이고
어머니의 따사로운 대지의 숲이 싱그럽게 술렁이는
고향이 마음에서 익어 갑니다

사 남매의 가슴에서
아버지의 초원이 흐릅니다

사 남매의 눈에서
아버지의 바다가 평화롭게 출렁거립니다

사 남매의 마음속에서
아버지의 절대적 사랑과 희생이 황급히 눈을 뜹니다

그 숭고한 사랑과 희생이
열매를 맺고 있습니다
가만히 기대어 주세요
아버지의 몸 안을 습격한 침략자*의 절망 앞에서
빈약하지만 힘이 되고 동행이 될게요

82년의 여정을 우리 가족의 마음에 담고
아버지의 힘들고 힘든 긴 시간을 함께 할게요

사 남매의 뜨거운 가슴에
아버지의 시간을 잠시 담아 두시고
씨앗이 눈을 뜨는 것을 보아주세요
아버지의 세상 속에 우리가 있습니다
아. 버. 지.

※침략자: 비소세포성 폐암 4기

꽃이 피고 지는 숲
―중환자실

찬란하게 산란하는 고운 햇살을 부려 놓고
불안과 공포에 질린 눈동자 안으로
해맑은 미소와 뜨겁게 일렁이는
사랑 한 줌으로 없는 희망을 가슴에 심어 주고
노을빛 생을 태우는
메마른 마음의 창문을 열어 등불을 들고
한 줄기 빛을 노래하는
천상의 마음을 담은 그녀들
해바라기 같은 웃음과 사랑으로
사라져 버린 희망을 살며시 눈 뜨게 한다

생존의 간절한 바람이 생과 사의 기류를 타고
가파르게 외줄을 타는 숲 지층 깊숙이 내려가 시신경의
무딘 감각이 사살射殺되는
서글픈 지평선에 누인 육신의 무거움을
어루만지는 따스한 손길은
여윈 가슴팍에서 파도치는 공포의 두려움을 잠재워
생의 추억들이 오로라빛 꽃망울로 눈을 뜨게 한다

고갯마루에 피는 꽃
―수혈

수맥이 흐르는 지층을 따라
하얗게 일어서는 유년이 물비늘로 부서지고
지표면 위에 굴절된 시간의 간격이
어눌한 어둠 속으로 표류 중이다

천둥소리 뚫고 빠져나간
뼈들은 묵비권으로 칠흑 같은 어둠을
붉게 태우며 잔설이 내리는
우주 공간에 꽃을 가꾸고 있다

홀로 표류할 수 없는 기슭에
잉태되고 있는 망각의 풍상에
싸늘하게 식어 가는 회색빛 여운을
촛불 밝혀 혼불을 해동하고 있다

한 줄기 붉은 햇살이 기류를 따라
환하게 등촉을 밝히며
초록빛 시간의 행간에서
방울방울 꽃망울이 터진다

수묵 꽃
—상여

서걱거리는 침묵은
딸깍
삶을 그리움으로 덩그러니 놓아둔 채
내일의 갈망을 잡지 못하고
유성처럼 시간의 행간을 빠져나갔다

워낭 소리 묻은 의식이
떠나간 자리에
하얀 눈물이 허기진 갈증으로
서리서리 목을 메운다

방황하며 펄펄 끓던
신열이
적막한 소멸의 시간을
하얗게 쏟아내며
푸른 숲과 새들의 동무가 된다

요령 소리 따르던 미련의
몸부림은 산자락 수묵 꽃으로 핀다

꽃으로
―이모

꽃으로 피려 했다
꽃의 향기로 춤을 추려 했다
화사하게 웃던 꽃잎이
피기도 전에 바람이 몹시 분다
바람을 따라온 불청객이 몸 안으로 스며들어
소리 없는 침묵의 촉수를 세우고
눈부신 시간을 허물고 있다
그녀, 아직 다 웃지 못한 웃음이
지나가는 그리움의 행간에서
유년의 꿈들을 꽃바람 넘나드는
동산에 가지런히 내려놓았다
삐걱대던 환갑의 노래가
비문에서 환하게 웃고 있다

"엄마 사랑해
그리고 고마워…"

그녀는 봄꽃을 기다리며 그곳에 꽃으로 피고 있다
봄이 만삭이다

숲은 거기에 있었다

비루한 기억의 터럭이 잘게 부서져
눈부신 햇살에 무수한 속삭임을 쏟아내며
옹알이하는 오후 바삭거리는 침묵이 마른기침하며
거미줄에 걸린 오래된 먼지들을 깨우고 있다
목에 걸린 건조한 신열이
뜨거운 생의 체온으로 침입자가 되어 숲을 흔들고
새들은 숨을 고르고 있다

뱀의 싸늘한 기운이 온 산등성이를 기어오르고
음습한 기운이 바람의 길을 막아서며
벌겋게 부어오르는 종기를 짜내고 있다
생의 한가운데 뻥 뚫린 구멍으로 밀고 올라오는
호흡의 파장이 선인장 가시처럼 박혀 버린
딱딱한 군살들을 풀어내고 있다

가시는, 천천히 화석이 되어 가고
숲은, 거기에도 있었다
오늘도 또 내일도
숲은 거기에 있을 것이다

안부 · 1

어머니의 목소리가 궁금한 오후
더위를 뚫고 날아든 전화벨 습관처럼 수화기를 들었다
꽈리고추 여섯 상자에 십팔만 원이 나왔다며
내년에도 심어야겠다는 상기된 음성
수화기를 든 손이 파르르
구순의 나이를 잊으신 옹이진 어머니의
손 마디마디가 무겁게 아려 온다
전신을 뒤흔드는 쓰라린 마음 안으로
긁히고 긁히다 굳은살이 촘촘히 별처럼 박힌
어머니의 손아귀에 뛰놀며 살았던 자식들은
썰물처럼 떠나가고 아버지 머나먼 길 떠난
빈 둥지에 가시 돋친 습관들이
어머니의 동행이 되어 눅눅하게 살고 있다

그리움이 목마른 둥지에서 구십 년의 습관이
펴지도 못하는 허리에 무겁게 매달려 있다
굽이굽이 살아온 고향의 흙냄새 풀 냄새에
행복한 꿈을 꾸는 어머니의 음성은
여전히 백세를 향한 산천초목을 호령한다

안부·2

새벽안개 자욱한 길을 헤집고
감기려는 눈꺼풀을 하늘로 끌어올린다
소담하게 대지를 덮을 햇빛은 멀기만 한
어제의 그 길 위를 달린다

현장에서의 감독관처럼
가장의 무게가 무겁게 어깨를 짓누르고
하루하루 버티기 힘겨운 육십여 년의 시간을
채우기 위한 몸부림이 육체를 점령하여 옭아매고
방문객처럼 찾아드는 자식의 안부가
하루 종일 온몸을 휘어 감고
일보다 힘겨운 마음을 마구 헤집는다

삐걱대던 하루의 귀갓길이 비틀거리며
낡은 내면으로 불청객이 되고
하루의 시름을 알코올에 소독하며
끝도 없이 풀어지는 몸뚱이 위로
와르르 쏟아지는 자식의 안부가
술잔 속에서 운동화를 들고 서 있다

혈관 속을 타고 무겁게 흐르는
순식간에 흘러가는 시간의 잔설이
눈꽃이 되어 멍한 눈동자 위로 휘날리고
멍들어 타들어 가던 구멍 난 가슴에
촘촘한 별빛이 들어와 등불을 밝히고
푸른 달이 담배 연기 속으로 숨을 몰아쉬고 있다

날 좋은 날 운동화를 신고 웃으며 여행을 하고 싶다

기다린 선물

창틀 넘어 들어오는 햇살이 눈부신 그리움에
옮기지 못하는 발걸음은
가만가만 마음을 떠돌며

끝없이 사랑했던 그*의 손길을
애틋하게 바라보던 그의 눈빛을
온전한 웃음을 바라던 그의 눈빛을
온전한 걸음으로 오기를 바라던 그의 눈빛을

떠나야 하는 슬픔보다 눈에 담고 싶은
기다림의 시간은 속절없이 떠나가고
마음을 타고 흐르는 뜨거운 눈물이
그에게로 흘러가기를 기다리던 간절한
그리움에 눈을 동그랗게 뜨고
하늘을 우러르고 있었다

마지막 잎새처럼 힘겹게 매달린
보고 싶은 긴긴 기다림의 넋이
잃어버린 눈동자 안으로 어둠이 내리고

그가 들어왔다
숨도 고르지도 못하고 정신없이 달려온
그의 상기된 얼굴
가만히 안도의 마음을 내려놓고
뜨거운 눈물 모아 두 손을 잡아 주던
그의 마지막 모습을 마음에 담아
황홀한 나들이를 시작한다

그가 잡아 준 손길의 따스함을 안고

※그: 2024년 1월 29일(월) 저녁 돌아올 수 없는 먼 길을 떠나신 고故 이종순 님의 남편

콩 심는 어머니와 딸

땅이 마른기침하며
생명의 기를 말리고 있다
모판에 웃자란 콩들은
바동대기 시작한다

104년만의 가뭄이란
인터넷 기사가 증명이라도 하듯
땅은 불을 품고 아우성이다
화산의 열기를 품은
대지 위에 양수기를 동원한다

호수는 땅의 혈관을 대신하여
콩 심을 구덩이에 물을 대고
어머니는
수혈 받은 구덩이에 아우성치던
콩의 싹들을 하루 종일 심었다

바삭거리는 땅 위에 신열음이
풀어지고 머릿속을 웅성대던

더위 먹은 기억들이 거름이 되고 있었다

어머니는 콩을 심고
바람이 쏙 빠진 더운물을 대고 있는
딸의 얼굴에 태양이 익어 가고
어머니의 얼굴에는 빛나는 석양이 딸의
가슴으로 점프를 하고 있었다

여름밤의 별들은 촘촘하게
모녀의 가슴으로 박혀 들고
하현달이 천천히 뜨고 있었다

김소해 시인의 시세계

해설

> 해설

사랑과 헌사獻詞의 시학
―김소해 시인의 시세계

기청 | 시인·문예비평가

　시가 무엇인가에 대한 견해는 다양하다. 그것은 시를 어떻게 쓸 것인가에 대한 방향을 제시해 준다. 또한 시를 어떻게 읽을 것인가에 대한 시사점을 던져 주기도 한다.
　영국의 낭만주의 국민 시인 윌리엄 워즈워스W. Wordsworth는 "시란 힘찬 감정의 발로이며, 고요로움 속에서 회상되는 정서에 그 기원을 둔다."라고 하였다. 그런가 하면 동양의 시인 백거이白居易는 시란 "정情을 뿌리로 하고 말을 싹으로 하며, 소리를 꽃으로 하고 의미를 열매로 한다."라고 하여 생명이 있는 자연(식물)에 비유하여 시어와 음률 의미적 요소(주제)의 결합을 중요시한다. 시는 인간의 마음속에 내재하는 다양한 감정 정서적 요소를 재료로 하여 하나의 독립된 세계를 창조하는 것이다.

이번에 시집을 출간하는 김소해金素海 시인의 작품 원고를 접하고 기대와 설렘으로 집중 읽기에 들어갔다. 김 시인은 충남 당진 출신으로 문예지《한맥문학》에 시로 등단하고《한겨레문학》에도 수필 부문으로 등단한 문인이다.《평택문학》,《문해문학》등 여러 문예지의 간부 소임을 맡고 있으며 '허난설헌 문학상'을 수상하는 등 활발한 작품 활동을 하고 있는 시인이다.

우선 시집 전체의 구성을 보면, 1부는 '내 안의 광야에 집을 짓고', 2부는 '삼밭에서 불어오는 은밀한 바람' 3부는 '바람의 집에 벽이 살고 있다' 4부 '숲은 거기에 있었다'로 나뉘어 전 4부로 되어 있다.

김소해 시의 표현 내용 서술상의 특징을 보면, 단아한 서정의 멋, 설화적 모티브, 가열한 자아(에고)와의 대면, 삶의 성찰과 각성, 그리고 혈연(육친)에 대한 사랑과 헌사의 시편들이 많은 부분을 차지하고 있다. 이들 작품이 대상과의 만남을 통해 어떻게 연기적緣起的 인과를 가져오는지, 시적 화자의 감정 정서가 구체적으로 어떻게 표현되고 시로 승화되는지 살펴보기로 한다.

1. 절제와 함축의 서정

일반적으로 서정시는 화자의 감정 정서를 표현한 것이

다. 좀 더 구체적으로는 개성적 자아를 드러내고 함축과 절제의 형식미를 가진다. 서술적 특성은 시인(서정적 자아)의 은밀한 독백 형식으로 진술된다.

주로 비유와 상징의 수사修辭에 의해 보다 낯설게 제시되며 풍부한 상상력의 도움으로 창조적 언어 예술을 지향하는 것이다.

> 끝없는 길들이
> 내 안에 쏟아져 내렸다
> 인고의 고랑을 끼고
> 새벽길이
> 밖으로 걸어가고 있었다
>
> 동이 트려면 멀었는데
> 새벽은
> 어둠을 걸쳐 입고
> 찬 별빛에 젖은
> 길을 나서고 있다
>
> 나는
> 달빛 서린 이슬
> 나침판으로
> 그

길 위에 섰다

— 〈새벽길〉 전문

사르르 꽃망울 움트는 소리
스치는 바람도 살그머니 지나가며
강물에 떠 있는 오리는
가만히 다가오는 물살을 타고 있다
바싹바싹 메마른 억새는
산산이 흩어지는 바람결에 몸을 누이고
사색의 향기를 그리고 있다
(중략)
생살을 째는 소리 없는 비명은
산산이 부서져 대지를 적시우고
한 발 걸어 나온 꽃망울의 향연은 생기를 불어넣으며
첫사랑을 그리는 수줍은 설렘으로
불시착한다

— 〈불시착〉 일부

앞의 시 〈새벽길〉은 하루 중의 새벽 출발을, 뒤의 시 〈불시착〉은 사계 중 시작인 봄의 서정을 노래하고 있다. '끝없는 길'의 '길'은 중의적 의미를 내포한다. 물리적인 길이면서 삶의 길이기도 하다, "끝없는 길들이／ 내 안에 쏟아져 내렸다"는 정중동淨中動의 생동감, "새벽길이／

밖으로 걸어가고 있었다"의 의인화는 표현의 신선함을 보여 준다. 길은 여러 갈래의 선택지임을 암시한다. 살면서 때로 선택을 강요당하거나 여럿 중에서 선택을 해야 하는 갈등에 직면하기도 한다. 이런 갈등에 직면하지만 시적 자아는 머뭇거리거나 물러서지 않는 당당함을 보인다. 가열한 자아와의 대면인 것이다.

〈불시착〉은 이른 봄날의 생동감을 노래한다. '꽃망울' '바람' '오리'의 부드럽고 감미로운 음률을, 다음 봄 속의 가을을, 그리고 '비명'과 '꽃망울의 향연'으로 봄이 오기까지의 산고産苦를 묘사한다.

자연의 생동감을 첫사랑의 설렘으로 환치시키는 재치가 흥미롭다. 서정시로서의 절제와 함축을 적절히 구사하는 솜씨가 예사롭지 않다.

2. 설화적 모티브

이야기 형식의 설화적 모티브는 과거 회상의 수법으로 전개된다. 내면에 떠오르는 이미지와 청각의 형식으로 몽환적 분위기를 연출한다.

주로 인상적인 장면 제시를 통해 불가역성에 대한 안타까움, 변하고 사라지는 무상無常에 대한 성찰이 주된 정서다.

수백 년을 걸어 들어온 그곳에
한참이나 퇴색된 살 껍질이
버석거리며 젖몸살을 앓던
아낙의 가파른 입김을 잊은 채
풍화된 시간의 무게 위로
침묵 부스러기를 털어 낸다
(중략)

선혈 낭자한 비명이 만삭의 달빛에 얼어붙어
지금,
그가 사는 집에 잿빛 그리움만
덩그러니 마당가에 누워 구멍 뚫린 몸통만
썩은 나무 밑동을 말하고 있다

그가
사는 집은 꽃잎에 베인 바람이 살고 있다
　　　　　　―〈꽃잎에 베인 바람이 살고 있는 집〉 일부

바닷물이 찰랑거리며
마을에서 흐르는 물길을 기다리던
그곳에 지금은
큰 바위가 마을 입구를 지키며
두릉골이라는 이름표를 달고 있다

소나무 길 가로질러 바다로 가던
오솔길은 포장도로가 되어
하루에 몇 번씩 버스가 오고 간다
(중략)

무디어진 촉각으로
자식을 향한 목마름을 들키지 않으려
풀벌레 소리 같은 소소한 이야기들을
반짝이는 별빛처럼 꽃바람으로 물을 들여
순백색의 박꽃으로 피워 낸다

―〈두릉골〉 일부

 앞의 시〈꽃잎에 베인 바람이 살고 있는 집〉이나 뒤의 시〈두릉골〉은 설화적 모티브를 가진 것이다. 이야기가 있는 서정, 시간이 이야기를 잠재워 둔 유형의 공간이다.
 한때 사람들의 숨결과 희로애락이 교차하던 공간이지만 지금은 비어 있는, 추억이란 이름이 살고 있는 곳이다.〈꽃잎에 베인 바람이 살고 있는 집〉은 오래된 폐가를 보면서 상상의 나래를 편다. "수백 년을 걸어 들어온/ 그곳에"는 시간 개념을 의인화하는 표현이 흥미롭다. 인간의 일(생로병사) 중에서 출산은 고통과 기쁨을 동반하는 일, 과거― 산고의 '비명'과 '달빛' 현재― 고요한 침묵의 폐가와 대비되어 묘한 충격을 준다. "그가/ 사는 집은 꽃잎에 베인 바람이 살고 있다"에서 자연과 추억의 공생이 주는 무상無常의 정서가 허허롭다.

〈두릉골〉은 시대의 변화를 겪어 온 화자의 고향 마을에 대한 정감을 노래한 것이다. 산업화를 거치면서 젊은이는 외지로 떠나고 노인만 남아 사람의 정이 그리운 동네가 되었다. '소소한 이야기'나 '순백색의 박꽃'이 주는 순수와 정감은 현대 산업사회가 앗아간 우리 모두의 소중한 가치일 것이다.

3. 헌사–바치는 노래

헌사獻詞의 사전적 의미는 축하 찬양하는 뜻으로 바치는 글, 또는 지은이가 특별한 의미를 담아 바치는 글로 되어 있다. 이 시집은 김소해 시인이 육친인 부모님께 각별한 사랑과 존경을 담아 바치는 노래, 4부는 인연의 장으로 거의 대부분의 작품이 부모님 형제 이웃에 대한 감사와 고마움, 특히 고난의 시대를 살아온 부모님에 대한 애틋함 그리움 존경의 마음을 담아 바치는 노래로 이채롭다.

> 수맥이 흐르는 지층을 따라
> 하얗게 일어서는 유년이 물비늘로 부서지고
> 지표면 위에 굴절된 시간의 간격이

어눌한 어둠 속으로 표류 중이다

천둥소리 뚫고 빠져나간
뼈들은 묵비권으로 칠흑 같은 어둠을
붉게 태우며 잔설이 내리는
우주 공간에 꽃을 가꾸고 있다
(중략)

한 줄기 붉은 햇살이 기류를 따라
환하게 등촉을 밝히며
초록빛 시간의 행간에서
방울방울 꽃망울이 터진다
　　　　　　　　　ー〈고갯마루에 피는 꽃〉 일부

열아홉 꽃띠의 순정이 꽃가마 타고
수줍은 웃음을 부렸다

힘겨운 시집살이 메마른
땅
가뭄처럼 갈라져도
하늘 우러른 원망도 못했다

파삭 깨어지는 흙더미 속

돌멩이 하나 호미 끝에서

쨍그랑

가슴팍에 묻힌다

호미 끝으로 캐내는 잔해

파사삭 부서지는 흙더미 위로

도르르 눈물방울

촘

촘

씨앗이 되어 뿌리를 내렸다

—〈어머니의 땅〉 전문

 앞의 시 〈고갯마루에 피는 꽃〉은 병실에서 아버지의 수혈 모습을 지켜보면서 느낀 심정을, 뒤의 시 〈어머니의 땅〉 역시 어머니의 생애를 곁에서 지켜본 안타까움을 시로 적어 바친 헌시이다. 자신의 생명을 불어넣은 부모님에 대한 존경과 사랑은 끝이 없다. 어떤 미사여구나 훌륭한 수사修辭로도 다함이 없는 것이다.

 김소해 시인의 시집에서 가장 비중 있게 다룬 부분이다. 수혈을 보면서 아버지의 생애를 반추한다. 유년의 '물비늘' 과 '굴절된 시간의 간격' 의 대비는 희망과 절망이 교차하는 절명絶命의 시간이다.

 뒤이어 '어둠' '표류' '묵비권' 으로 상징되는 절망을 '잔설' '우주 공간' '꽃망울'로 승화시킨다. 화자의 간절한 소망이 마침내 '꽃'으로 승화되기까지 순간순간 교차되는 심리적 변화(간절한 염원)를 극적으로 묘사하는 작품이다.

그런가 하면 〈어머니의 땅〉은 농촌이라는 척박한 환경에서 평생을 순응하면서 살아온 어머니에 대한 존경과 사랑을 담은 사모곡이다.

"파삭 깨어지는 흙더미 속/ 돌멩이 하나 호미 끝에서/ 쨍그랑/ 가슴팍에 묻힌다"에서 가혹한 운명에 순응하는 모습, 곁에서 지켜보는 자식의 애틋함이 묻어난다.

이런 애틋함은 "사 남매의 뜨거운 가슴에/ 아버지의 시간을 잠시 담아 두시고/ 씨앗이 눈을 뜨는 것을 보아주세요/ 아버지의 세상 속에 우리가 있습니다/ 아. 버. 지."(〈아버지의 바다〉 결미 부분)에서도 잘 드러난다.

자식에 대한 부모의 희생은 거룩하고 숭고한 것이다. 자식을 위한 그 깊고 넓은 사랑에 몇 줄의 시로 보답할 순 없지만, "씨앗이 눈을 뜨는 것을 보아주세요/ 아버지의 세상 속에 우리가 있습니다"에서 갸륵한 자식의 마음이 눈물겹도록 아름답게 다가온다. 바로 이것이 시의 힘이며 시 이상의 감동이 아닌가 한다.

4. 절망 너머 희망

살면서 직면하는 절망과 희망은 그 자체로 살아 있음의

증거인 것이다. 이것은 어쩌면 자연스런 삶의 템포이다. 꽃길만 걷는다면 얼마나 지루할 것인가. 때로 마주하는 절명의 순간에도 좌절하지 않는 용기는 희망이다. 가열한 자아와의 대면을 통해 새로운 희망을 꿈꾸는 것이다.

    생의 중력에 여명의 빛으로 동이 트고
    수액을 타고 흐르는 깜박거리는 호흡이
    가파른 절벽으로 파도를 타고 있다

    절벽엔
    꽃이 피었다
    다가갈 수 없는 기암절벽에
    꺼져 가는 운무 속으로 흐르는
    한 줄기 무채색의 시간이
    허수아비가 되어 꽂혀 있다
    (하략)
                              ㅡ〈꽃은, 그곳에도 피어 있었다〉 일부

    바람처럼 빠르게 지나가는 날들
    천년을 꿈꾸지만
    머물 수 없는 시간은
    초침을 삼키며
    분침을 불살라 시간을 범하고 있다

(중략)

꽃들이 깨어나는 화사한 아침
생명을 선물 받은 오늘의 놀라운 축복을
새들은 노래하고
바람이 연주하는 나뭇잎 스치는
푸르른 향기로
오늘을 깨우는 행운은
기적입니다

—⟨기적⟩ 일부

앞의 시 ⟨꽃은, 그곳에도 피어 있었다⟩나 뒤의 시 ⟨기적⟩은 생의 성찰과 새로운 희망을 노래한 것이다. 아무리 냉혹한 운명과 대면한다 해도 다 지나가는 것에 불과하다.

지난 과거의 시간과 공간은 생각 속에만 존재할 뿐이다. "깜박거리는 호흡이/ 가파른 절벽으로 파도를 타고 있다"처럼 절명의 시간도 지나가는 한 과정일 뿐, 결국 무상으로 회귀하는 것이다. "오늘을 깨우는 행운은/ 기적입니다"에서 현재의 소중함, 살아 있음의 위대함을 각성시킨다.

지면상 언급하지 못한 작품 중에도 단아한 서정이 돋보이는 ⟨꽃 편지⟩, ⟨바람꽃⟩, ⟨불타는 오월은⟩ 외, 설화적 모티브로 〈내 안의 광야에 집을 짓고〉, 〈삼밭에서 불어오는 은밀한 바람〉, 〈빈집〉 외, 가열한 자아와의 대면으로 〈불면〉, 〈수술실에서〉, 〈목마름의 꽃〉 등이 아쉬움으로 남는다.

  김소해 시인의 작품들 중에서 특히 돋보이는 것은 육친에 대한 각별한 존경과 감사의 마음을 담은 헌사獻詞로서의 시학이다. 또한 가혹한 운명에 굴하지 않고 당당하게 맞서는 용기와 불굴의 정신은 독자에게 깊은 감명을 줄 것이다.
  이 시집의 발간을 계기로 더욱 성숙한 '시의 숲' 일원이 되기를 소망하면서 이 글을 맺는다. *

바람의
집에 벽이
살고 있다

발행 I 2025년 3월 27일
지은이 I 김소해
펴낸이 I 김명덕
펴낸곳 I 한강출판사
홈페이지 I www.mhspace.co.kr
등록 I 1988년 1월 15일(제8-39호)
주소 I 서울특별시 종로구 삼일대로 457, 501호(경운동)
전화 02) 735-4257, 734-4283   팩스 02) 739-4285

값 11,000원

ISBN 978-89-5794-584-1 04810
       978-89-88440-00-1 (세트)

※저자와의 협약에 의해 인지는 생략합니다.
※잘못된 책은 바꾸어 드립니다.
※이 시집은 한국예술인복지재단의 창작준비금을 지원받아
  제작되었습니다.